Responsbility

超級公民

責任

Center for Civic Education 原著

財團法人民間公民與法治教育基金會、財團法人蘇天財文教基金會 聯合出版

五南圖書出版公司 印行

出版緣起

財團法人民間公民與法治教育基金會執行委員　張澤平律師

　　本書原著是美國公民教育中心（Center for Civic Education；www.civiced.org）所出版的《民主的基礎 —— 權威、隱私、責任、正義》（Foundations of Democracy：Authority、Privacy、Responsibility、Justice）教材中，適用於美國 10 至 12 年級學生的部分。原著的前身則是美國加州律師公會在 1968 年，委託設於加州大學洛杉磯分校（UCLA）的公民教育特別委員會，所發展的「自由社會中之法律」（Law in a Free Society）教材。教材的發展集合律師及法律、政治、教育、心理等專業人士共同開發而成，內容特別強調讀者的思考及相互討論。原著架構歷經將近五十年的淬鍊，目前已廣為世界各國參考作為公民教育、法治教育的教材。出版者有感於本書的編著結合各相關專業領域研發而成，內容涉及民主法治社會的相關法律概念，所舉的相關實例生動有趣，引導的過程足以帶動讀者思考，進行法治教育卻可以不必使用法律條文，堪稱是處於民主改革浪潮中的台灣社會所不可或缺的公民、法治、人權、品德教育參考教材，因此積極將其引進台灣。

　　這本書的主題 —— 「責任」，是公民社會展現活力的基礎。惟有人人善盡責任，社會活動才會順利運行，社會中的個人由此凝聚成發揮各種功能的有機體。書中鮮少有空泛的論述，取而代之的是一個一個發生在社會中的實例及問題，以及解決問題的思考工具（Intellectual Tool）。書中從不直接提出問題的答案，而希望師長帶著學生，或讀者彼此之間，在互相討論的過程中，分享、思考彼此的想法，進而紮實的學習領會書中所討論的觀念。討論不僅可使這些抽象觀念更容易內化到讀者的價值觀裡，討論的過程更可匯集眾人的意志，進而訂定合理的規範，是民主法治社會中最重要的生活文化。（歡迎讀者至民間公民與法治教育基金會官網 www.lre.org.tw 參與討論）

　　引進本書其實也期望能改變國內關於法治教育的觀念。不少人認為法治教育即

是守法教育，抑或認為法治教育應以宣導生活法律常識為主。然而，如果能引領學生思考與法律相關的重要概念或價值，則遵守法律規範，當是理所當然的結果。懂得保護自己權益的人，當然也應當尊重別人的權益，更不必耗費大多數的課堂時數逐條詳述瑣碎的法律規定。由此當可理解，法治教育應對施教的素材適當地設計揀選，才能夠達到事半功倍的效果。此外，無論法治教育的施教素材為何，也應當都是以培養未來的公民為目標。過度強調個人自保的法律技巧，並無助於未來公民的養成，當非法治教育的重要內涵。現代法律隱含著許多公民社會所強調的價值，例如：人權、正義、民主、公民意識、理性互動等等，都有待於我們透過日常生活的事例加以闡釋，以落實到我們的生活環境中。未來能否培養出懂得批判性思考的優質公民，已成為我國能否在國際舞台上繼續保有競爭力，以及整個社會能否向上提升的重要挑戰。

　　自 2003 年起，民間司法改革基金會即與中華扶輪教育基會、台北律師公會共組「法治教育向下紮根特別委員會」，將美國公民教育中心在美國出版的《民主的基礎—權威、隱私、責任、正義》系列出版品（包含「兒童版」、「少年版」、「公民版」之教材及其教師手冊）授權在台灣地區翻譯推廣，執行多年來，已在多所國中小校園內實施教學，並榮獲教育部國立編譯館 94 年度、95 年度獎勵人權出版品之得獎肯定。本基金會再翻譯出版此一進階書籍，期盼能進一步喚起國人重視人權及民主法治的教育問題，也期待各界的支持與指教。（本書另有教師手冊，請洽五南圖書出版公司）

張澤平

法治教育讓人民找回主動權

中央研究院社會學研究所研究員　張茂桂

什麼是民主的基礎？看你問誰，不同人可能有不同的答案。

當代知名政治學者 Adam Przeworski，他特別看重民主的制度性效果，認為相較於其他都更差的政治制度設計，民主有個獨門的優點，在於人民可以不需透過暴力，用和平的手段更換自己的統治者（政府）。這種效果／效益，足以構成民主的「極簡定義」，也足以捍衛民主的優越性。

Przeworski 進一步用四個與選舉結果有關的指標，判斷何謂「民主」政體：（一）行政首長必須由民選，或由民選的代議機構選舉產生；（二）立法機關也必須是由民選產生；（三）選舉時有不止一黨的競爭；（四）在相同的選舉規則條件下，發生權力的輪替至少一次。

他認為，人們不應小看這幾件事情，因為放眼世界，人民能持續選舉自己的統治者，讓政權和平轉移持續發生，不是理所當然的事情。以我們臺灣自己的經驗來看，1978 年曾爆發「選舉萬歲」的政治抗議言論，當時威權統治下的「黨外人士」，冒大不韙投入選舉，出現所謂「選舉假期」的短暫言論自由現象，等選舉完畢之後狹小的自由之窗立即關上，而當時黨外人士還面臨秋後算帳，選輸坐牢的風險。而等到臺灣能完全符合這四個簡單的民主政體條件，已經是公元 2000 年 5 月第一次政黨輪替之後的事情。從 1978 年算起到「民主政體元年」，經過 22 年，而從民主政體元年至今，也才 18 年而已。

Przeworski「選舉很重要！」的民主觀點，看似簡單，但有一個關於人類社會的現實的出發點：人類社會原本很多衝突的社會關係，用暴力（violence）解決爭端是相對誘人的手段。而政府的功能，形同在讓一些人的意志可以合法地，壟斷武力地去壓制另外一些人的意志。而選舉是讓政府的更替，只要遊戲規則許可，贏家與輸家都非事先確定，如果壓制者與被壓制者皆知道通過選舉可以和平且合法地輪替，大家就能維

護和平與自由參政的體制，而這就是最重要、不可取代的民主的功能。

這固然有化繁為簡的好處，但 Przeworksi 很清楚這樣的極簡主張，須把政治想像成政治制度問題，限「純」政治權力來看，以致於有幾個重要範疇問題沒被充分處理。首先，（一）執政者壓制反對者的手段，必須在法律規範之內「合法」進行，而且要可以被充分問責。這個意思是民主必須有相對獨立的司法、以及立法體系，能制衡行政部門的權力，這是民主與「法治」不可分的強烈主張；（二）不論是執政者或者是在野者，人民都有予以監督的可能。人民不但有法律保障的自由討論與辯論權利，言論自由的重要不在話下，前提更須要政府資訊要公開，決策的程序法則與透明度；（三）人民仍然要能進行自我賦權，對於民選政府、民選議會，要有直接問責或制衡的權力。或者說：人們能找回參與政治、督促政府與代議者的主動權，而不是處於被動的被統治的狀態。這是晚近參與式、審議式民主、公民社會與「強韌民主」（strong democracy）的各種主張的精神。

此外，「純」政治民主，並不及於人民關懷的其他問題，例如民主的治理品質，新興民主的民主鞏固，甚至涉及到經濟發展與生活水準等問題。而且，人民對於「政治」，有越來越多的想像，所謂「日常生活政治化的趨勢」。日常生活政治化，就是所有的政府在日常生活中，很多看不見的檯面下的「管制」（或者疏忽的「不管制」），文化傳統中的幽微「道統」，現在都有可能被高舉看見，被揭示解構成為檯面上的政治問題。舉例如身體政治、性別政治、空間政治、科技的民主、基因改作、生態與氣候變遷等等，都是新的「政治」，需要被看見且進行的民主議題。

民主日常化還有一個原因，就是一般理解為「制度同型化」的過程。民主作為一種主要解決紛爭的策略，例如平等投票，任期，程序與法治，幾乎不能避免會在其他制度範疇中「傳染」、「擴散」，在其他非政黨、非政治的環境中為最主要解決衝突的標準。例如在生產制度中的工會、產業組織、企業，或者在教育制度的學校、專業組織，甚至在社區、傳統的寺廟、宗族組織中，都有開始引用了民主的價值與調解衝突的法則。

我們如果不從選舉制度來想像民主，我們其實還可以從「選民」，或者更正確說，

從「公民」的角度出發來想像民主。因為，不論我們談的是選舉民主，還是生活民主，應該都脫離不了具有權利意識、身分、及實踐能力的公民。公民並不等於選民，因為公民包括了那些可能沒有投票權的未來公民，或者常被邊緣化的「其他人」（the others）公民。

以今日世界而言，貧富差距，生態風險都在擴大，一國之內的民主治理，常因為國境之外遠方的戰爭、飢荒、金融風暴、病疫，以及不在地的生產者、消費者、勞工等等問題，而陷入效能不彰，難以為繼的困境。民粹威權，不但取代一些新興的民主體制，在一些老牌民主國家中，也有重返主流政治的情形。

我們可以預見未來的公民，包括臺灣在內，一方面可能會比以往有更多的自由、平等的要求，歧見與社會分化導致社會更難形成共和意識，另一方面將因為的全球經濟與資源競爭的生存壓力更艱鉅，導致人們期待更有效率，甚至獨斷的強人政府。在這兩種條件的拉鋸下，我們不但不能誤認為民主永續不是問題，反而要珍惜民主政治和平解決衝突的獨門「極簡」功能，並要能發展出以公民為主體的強韌的民主素養教育，抵擋各種反自由、平等基本價值的威逼利誘，侵害民主體制的各種分化統戰，堅定如鬥士般的行動。

這一套「民主系列」叢書，是由美國加州的一個非政府組織，「公民教育中心」所出版，「權威」幫助學生理解政府權威、權力的正當性（與限制）的問題，「隱私」幫助學生理解個人自由與自由社會的連結與界線，「正義」幫助學生發展分析、評價不同的是非與公平性問題，「責任」幫助學生理解各種政治抉擇、生活抉擇的影響及後果的意涵。本系列原本的目的是為美國的教師與學生的需要而編寫，有適合小學生的少年版也有青少年版，很多舉例也都是美國的政治背景，但沒想到此一系列出版後不久被翻印成四十多種語言。基本民主素養的跨國參考的重要性不言可喻。

在此翻譯本問世的同時，很不幸地，美國給人們的印象已經不是最好的民主典範國，我們在參照學習這些美國公民教育的教材與教法的同時，必須由衷自我期許，將來還是要能發展出更適合我們自己需求，建構支持民主法治、人權的強韌的公民素養的教材、教法來，這還需要政府與民間投入更多的努力。

「超級公民」叢書的出版，能成為未來首投族們絕佳的選民教育教材

台灣少年權益與福利促進聯盟秘書長　葉大華

　　臺灣自 2011 年依《兒童權利公約》〈簡稱 CRC〉精神將《兒童及少年福利法》大幅翻修為《兒童及少年福利與權益保障法》，2014 年制定《兒童權利公約施行法》，讓 CRC 的權利規定及聯合國兒童權利委員會對公約之解釋具有國內法律之效力。依據「CRC 施行法」第七條：政府應建立兒童及少年權利報告制度，於本法施行後二年內提出第一次國家報告，其後每五年提出國家報告。故我國政府參照聯合國審查 CRC 國家報告的模式，於去年 2017 年 11 月 20 日完成了我國首次的國家報告國際審查會議。而受邀來台的五位國際審查委員，在總結提出的 97 點結論性意見中，特別針對 CRC 的兒少表意參與權利及公民教育提出了觀察與建議。

　　其中第 75 點兒童權利與公民教育：委員會建議將人權（尤其是兒童權利）納入各種教育形式和層次（包含國民教育）的必要性元素。委員會進一步建議，應為各種年齡層和身心能力差異的兒童製作適宜的教材，教師亦必須接受兒童權利的知識和培訓。委員會另建議，教育部應支持兒童參與公眾事務與公民教育相關的培力活動，以落實 CRC 自由表達意見的權利。同時，兒童權利委員會透過解釋 CRC 的第 20 號一般性意見書：青少年時期兒童權利的落實，提供給各國為落實青少年權利所需的法律、政策和服務指南，以促進青少年全面發展。聯合國特別建議各國應增強青少年的權能，承認他們的公民身分，讓他們積極參與自身生活。其中更要確保讓青少年與兒童在學校和社區、地方、國家和國際各層級，參與制訂、執行和監測影響其生活的所有相關法律、政策、服務和方案。

　　其實早在 2005 年「行政院青少年事務促進委員會」的委託研究即指出，臺灣政府應鼓勵青少年針對地方自治、國家政策及重大議題進行公共討論，並提供青少年參與決策之管道。在促進青少年公共參與的同時，政府部門亦必須學習如何在政策制定過程中納入更多的公民參與，並提升公民參與的深度與能力。除此以外，青少年充分參

與青少年相關政策的決策過程，能使政府避免盲點，制定出真正切合青少年利益與需求的政策。（青少年政策白皮書綱領，2005）。因此無論從上述 CRC 結論性意見或是我國青少年政策的發展，皆相當強調兒少參與在各種層級決策機制的重要性與意義，除了鼓勵發聲，更重要的是政府應盡早投資兒童及青少年的公民能力的養成。

公民素養與能力的養成，是打造健全公民社會的重要基礎，其中需要以人權教育作為核心，法治教育作為思辨工具。誠如五位 CRC 國際審查委員的建議，我們應為各種年齡層和身心能力差異的兒童製作適宜的教材，教師亦必須接受兒童權利的知識和培訓，並協助青少年與兒少有能力參與在各層級相關決策事務上，因此相關的公民素養教材的研發與推廣至為重要。民間公民與法治教育基金會將美國公民教育中心授權出版的《民主的基礎─權威、隱私、責任、正義》系列在台灣地區翻譯推廣，過去已完成了「兒童版」及「少年版」，也都在國中小校園有很好的推廣成效。如今完成了「超級公民」教材的翻譯，針對的對象是高中職階段接近成年的青少年，正好能接軌落實 CRC 結論性意見，做為強化青少年公民參與知能的教材。此外經過台少盟等推動十八歲公民權團體的多年努力，我國也於今年 1 月 3 日公布修正《公民投票法》，將公民投票權人年齡下修至十八歲，青年學子也將正式參與國家重要政策的決定。因此「超級公民」叢書的出版，恰好也能成為未來公投首投族們絕佳的選民教育教材。

我們向來主張，投票權是賦予青少年進入公民社會的入門票與信任票，在此之前應該要及早投資其公民能力的養成，培養其成為具思辨能力、理性成熟的社會公民，以因應為平衡權利義務對等、人口結構變化，以及擴大青年參政而持續下修投票年齡的民主政治潮流。但公民能力的養成是一連串培力與體驗實踐的過程，在青少年們仍是準公民的階段，就應提供其具備對於權威、隱私、責任、正義等民主概念的基本認知。因此很高興有「超級公民」叢書的出版，內容不僅淺顯易懂，少有空泛論述或冗長的法律條文，且非常強調透過社會中的實際案例以及提供解決問題的思考工具（Intellectual Tool），引導學生彼此討論與對話，藉此思辨做決策的民主程序與多元觀點，非常適合於學校及社區推廣運用。將來如果能發展出本土版本，相信將更能裨益我國的公民法治與人權教育！

民主法治的教材就需要能夠和生活結合，引發學生興趣

中華民國全國教師會理事長　張旭政

　　我國的民主法治實施不久，整體社會還不足以成為一個讓學生耳濡目染即可學到民主法治素養的環境。因此，在學校教導民主法治概念，提升素養，就變得異常重要，也是社會能否進步的關鍵。

　　同樣教導民主法治，枯燥無味的教本和教條式的宣讀，會讓學生興趣缺缺，甚至排斥討厭。反之，系統的引導加上生動活潑的教材，絕對可以激發學生的學習熱情。民主法治的教材就需要能夠和生活結合，引發學生興趣，才能讓老師在運用時如魚得水、暢快淋漓。

　　民間公民與法治教育基金會所引進的這套「超級公民」書籍，引用實際發生的事件，以簡潔易懂的文字，採用引導討論的方式，帶領讀者思考、釐清觀念，很適合學生閱讀以及學校老師做為民主法治教育的教材，更符合十二年國教課綱所標榜的「素養」導向的編寫模式，值得推薦給教育界人士及社會大眾參考使用。

　　民間公民與法治教育基金會長期關注國內的民主法治教育，引進、編撰合適的教材、資料給老師、學生使用，每年更舉辦「全國公民行動方案競賽」，對於國內民主法治素養的提升貢獻卓著，也令人感佩！如果能對基金會有所苛求，相信也是基金會正在努力的目標，那就是出版以本土案例撰寫的「超級公民」套書。我們期待，更感謝基金會的努力與付出。

一本沒有標準答案的書～大人都可以上的課程

財團法人蘇天財文教基金會董事執行長　蘇昭蓉

這是本沒有標準答案指導我們該怎麼做的書，待書中拋出一個個我們在生活中會碰到的真實情境，激發學員們的興趣之後，再引導學員如何去靈活地思考，教師則透過教材裡提供的「思考工具」，也就是一組想法和問題，用團體討論與學員間對話的形式，引導學員們學會《辨別》、《描述》、《解釋》、《評估立場》、《採取立場》、《為立場辯護》等等合乎邏輯的技巧運用，幫助我們在不同生活情境下，做出決定並採取行動。

種子律師們除了配合本系列教材外，亦帶領學員們運用臺灣本土議題，進入發生在生活周遭日常生活的事例的實作中，在本系列課程結束後，學員們大大提升了在生活環境中的思辯能力與批判性思考能力，深得師生們的喜愛。

國際扶輪 3482 地區 2019-2020 年度總監周佳弘大律師曾在扶輪社團裡分享，他個人以志工爸爸的身份在志願服務女兒就讀學校的晨光時間，使用本教材親自帶領班級內學生們上過一系列法治教育課程，之後，從導師處得知，女兒能以學習得著的思辯、思考能力協助同學解決課室內的問題，分享時，周律師的臉上散發出滿足、喜悅、令人印象深刻，也更加肯定這套課程的影響。

本會創辦人蘇天財先生，自受邀加入專業人士所組成的臺北西北區扶輪社以來，積極投入扶輪五大服務，為響應延續扶輪教育基金會為臺灣公民與民主法治教育所投入法治教育向下扎根的執行精神，特於 2011 年與各界共同捐助民間公民與法治教育基金會之創立，並與本會創會董事長／前國際扶輪 3480 地區總監張迺良大律師，以扶輪人超我服務之精神（Service Above Self）帶領本會持續投入與民間公民與法治教育基金會的各項出版、活動，如：美國公民教育中心所出版的全套「民主基礎——權威、隱私、責任、正義」系列、公民行動方案（一）臺灣版的翻譯出版、校園暴力防治研擬方案及各項相關活動推廣及專題學術研討等等。

推薦序

一路走來，本會深深感佩民間公民與法治教育基金會多年來持續努力不懈地聯結並培訓種子律師投入國小、國中、高中校園推展學習思辨的智慧與播撒正義種子的服務精神，亦得以夥伴與為傲；感謝民間公民與法治教育基金會與每位專家、律師、教師、家長、學者、志工們的熱情奉獻與與。

本會深感能在臺灣 2026 年邁入超高齡社會之前夕，再與民間公民與法治教育基金會合作，完成本次美國高中版臺版翻譯教材出版的意義非凡，盼望除了深入大學校園與研究所推展，亦可同時推廣至終身教育學習領域，在超高齡社會風雨欲來的重重挑戰中，藉此發揮此教材應用之廣度與深度，提升公民學習思辯的智慧，發揮創意，採取行動突破重圍，培養公民哲學性思考的能力，共同打造優質友善高齡社會的臺灣。

序

　　「民主基礎系列」介紹四個概念，這四個概念構成了美國憲政體制政府的基礎：權威、隱私、責任與正義。它們不但是了解美國政府基礎必備的關鍵詞，也是用來評估民主國家和非民主國家之間差距的重要因素。

　　自由與其他價值是立國的基礎，為了維護它們，我們必須付出一些代價或承擔一些責任。很多時候我們需要在相衝突的價值和利益之間做出困難的選擇。在這套課程中，我們將有機會針對涉及運用權威與保護隱私的情況，加以討論和辯論，也會根據不同的情況，決定應該如何履行責任和實踐公平正義。

　　你將會學到評估這些情境的方法和概念，也就是所謂的「思考工具」（intellectual tool）。思考工具幫助我們清楚透徹的思考權威、隱私、責任和正義的相關問題，形成自己的立場，並且能提出支持自己立場的理由。

　　從這套課程習得的知識和技能，有助於解決公共政策或個人每日生活處境所面臨的各種問題。藉由獨立思考、做出自己的結論，以及為自己的立場辯護，我們就能在自由的社會中成為更有效能（effective）且主動（active）的公民。

超級公民 責任

RESPONSIBILITY

目錄 Table of Contents

圖中是美國最高法院門前的雕像，象徵政府立法與執法的責任。若政府未履行這項責任，會發生什麼事？

　　我們身為美國人民，為了建立一個更完善的聯邦，樹立正義，保障國內治安，籌設共同的國防，增進全民福利，確保我們自己和後代能安享自由的幸福，乃制定並確立這部憲法。

　　以上是美國憲法前言，明白宣示創立政府之目的是為了人民。人民賦予政府的責任，包括：公平對待所有人、籌設共同的國防、增進全民福利和保障人民自由。此外，人民也賦予政府很大的權力，使得以落實這些責任。

　　我們能做哪些事情來確保政府盡責？我們對自己和政府又有什麼責任？身為公民，我們有權決定政府如何行使權力，也有責任確保政府保障所有人民的權利，增進全民福利。為了成為有影響力的公民，我們需要同時了解政府與公民的責任，以及能夠對這些責任做出周全的判斷。

　　學習本書內容將有助於你處理生活中所遇到的責任問題。你會學到一些「思考工具」，可以用來對責任問題做出周延而明智的決定。你獲得的知識和技能，也能夠使你盡到自己在民主社會中的公民責任，並確保政府盡責之目的是為了我們人民。

第一單元：何謂責任？

●圖片顯示哪些責任？

單元目標

> 人非孤島，無法獨立自存；每個人都是陸地的一部分，是全體的一分
> 子；……任何一個人死亡都是我們的損失，因為自己和全人類休戚與共；因
> 此，不必猜想喪鐘是為誰而敲，鐘聲乃為你而響。

英國詩人約翰‧多恩（John Donne, 1572～1631）在 17 世紀初期寫下這些詩句。他提出的責任觀並非創新的想法。幾個世紀以來，人們不斷以文字探討責任，而且不單是對自己和他人的責任，也包括對國家的責任。

你可能時常被人提醒對於家庭、學校或工作的責任。

責任到底是什麼？從何而來？為什麼責任對社會很重要？對你而言，又有什麼重要性？

本單元的目標在於，幫助你回答以上問題，並且釐清和發展你對於責任的想法。你將學會辨別責任、來源，以及盡責（fulfilling）或不盡責所會得到的獎勵或懲罰。你在本單元之後，會看到一些有關責任的問題，本單元能奠定你思考這些問題的基礎。

▎第一課　何謂責任？責任的來源？

本課目標

　　本課介紹責任的概念及其在日常生活中的重要性。請檢視幾種常見的責任來源，並探討責任產生的方式 —— 自己自由選擇或是被他人所加諸，還是不自覺的承擔。

　　本課完成後，你應能分辨不同責任的來源，並能說明人們如何以及為何承擔某些責任。

關鍵詞彙

契約 contract
選民 constituents
責任 responsibility
義務 obligation
道德原則 moral principles
公民原則 civic principles

批判思考練習

批判史密斯參議員的責任

　　請閱讀以下有關史密斯參議員的短文，並回答「你的看法如何？」的問題。

要不要禁？

在美國，吸菸是嚴重的全國性問題，每年都有數千人死於肺癌。研究顯示，吸菸與癌症有直接關聯，甚至連吸入二手菸也被證實對健康有害。公共場所禁止吸菸的議題愈來愈具爭議性。吸菸者主張：應保障他們的個人自由；而不吸菸者主張：有權享受健康的環境。

參議員珍妮・史密斯（Jean Smith）所代表的州盛產菸草，香菸製造業在該州極為重要。目前，國會正針對公共場所是否應禁止吸菸的法案進行討論。如果通過這項法案，史密斯參議員所代表的州，就會有許多人失業，對該州經濟造成重大衝擊。

史密斯參議員個人相信抽菸有礙健康，也傾向公共場所禁菸，她本身並不吸菸。但另一方面，她也深知，若這項法案通過，她代表的那州一定會受到負面影響。史密斯參議員面臨兩難困境，這也是許多國會議員常遇到的情形：參議員的責任是支持通過對國家各州均有益的法案？還是要代表本州的利益？

你的看法如何？

1. 即使史密斯參議員覺得這項法案立意良好，你能否幫她想出反對該法案的理由？

2. 即使史密斯參議員認為這項法案會對她所代表的州不利，你能否幫她想出贊成該法案的理由？

3. 假如史密斯參議員贊成這項法案，對她自己、她所代表的州，以及國家可能產生什麼結果？

4. 假如史密斯參議員反對這項法案，對她自己、她所代表的州，以及國家可能產生什麼結果？

5. 如果你是史密斯參議員，你會怎麼做？你有辦法能同時兼顧州與國家的利益嗎？

6. 一般而言，你認為議員有責任達成其選民的期望，還是有責任為國家整體利益做最好的判斷？請說明理由。

以上問題都牽涉到**責任**，並不容易回答。你必須藉助某些工具來分析其中複雜的問題，才能做出明智的選擇。本單元提供所需的工具，讓你思考有關責任的問題。

何謂責任？

所謂責任究竟是什麼？本書前三個單元跟責任的概念有關。

■ 責任是一個人去做某事或表現某種行為的本分（duty）或義務（obligation）。例如：你有上學的責任（responsibility）。

■ 責任也是一個人不做某事或不表現某種行為的本分或義務。例如：在買東西時，你有不偷竊商品的責任。

當聽到「**責任**」一詞，或許你會想到那些並不想做的事情。你知道自己如果不履行責任，可能必須承擔某種結果。你也明白如果盡到責任，便可能獲得獎賞。一般而言，盡責的人十之八九都會得到某種獎勵。不過，當然也有例外。反之，不盡責的人通常會受到某種懲罰。

責任及其可能加諸在我們身上的負擔，有時讓我們五味雜陳。但我們卻常理所當然地認為周遭的人都會盡責。想像一下，若你的家庭、學校和社區裡沒有人承擔或履行責任，那麼你的生活會變得如何？舉例來說，如果你必須搭飛機，卻不能確定機組人員、維修機師和塔臺控制員會善盡責任去保障你的安全，你會做何感想？

責任的來源？

責任可能有許多種來源，可能是來自於工作、學校、法律規定或道德原則。有些責任可能只有一個來源，有些則可能有兩個以上的來源。

責任的來源主要可分為九種，下面將會一一加以說明。在閱讀每一項責任來源的說明時，請同時思考，你所擔負的責任，是否也有相似的來源。在思考的時候，請回答以下問題：你是自由選擇這項責任？或者，這項責任是別人強加於你？還是，你是在不自覺的情況下，擔起這項責任？

1. 教養

我們所擔負的某些責任，可能是受到父母、家庭成員，以及其他如身邊朋友和老師等等的影響。對許多年輕人而言，幫忙做家事、照顧弟妹和遵守家規，都是典型的責任。此外，家長也會告訴孩子一些宗教和道德方面的信條，要他們盡某些義務。

●宗教的責任和傳統是如何世代相傳？

2. 承諾

　　答應別人的事，就應該做到，必須信守承諾。我們從小就知道：說話要算話。因此，即使是年幼的小朋友，都會吵著說：「你答應過我的！」承諾可能是以明說的方式表達；也可能是隱藏在話語之中。承諾可能是私下的口頭約定，例如：答應幫朋友的忙；也可能是書面的法律合約，例如：償貸協議。

3. 指派

　　不論是上學或上班，別人都極可能會指派某些責任給你。例如：在學校，老師可能會指定功課給你或要求你負責設計電腦程式；在工作場所，上司可能會派你去負責清掃店面或管理其他員工。

4. 任命

　　有時候，我們會接受任命，擔任某些職位，承擔某些責任。例如：美國總統會任命外交大使，派駐其他國家；社長可能會任命某位社員，負責做會議紀錄。任命和指派不同，通常人們可以選擇拒絕接受任命，這麼做並不會受到懲罰。

● 美國駐外大使對駐在國有何種責任？這些責任的來源為何？

5. 職業

每一種職業都具有某些責任。例如：汽車技工有責任要熟練且有效率地修理汽車；警察有責任執行法律，保障人民安全；立法委員有責任代表選民，為全民謀福利。

6. 法律

法律體系在人民身上加諸了許多責任。包括：受教育、擔任陪審員[1]、遵守交通規則和納稅等義務。憲法是國家最高法典，也規定了許多立法、行政和司法等政府部門人員所應承擔的責任。

7. 習俗

許多責任其實來自於習俗。通常，人們長久以來所遵循的傳統會成為義務。例如：在公共場合排隊、輪班、遵行宗教節日。

---

[1] 在美國，公民有擔任陪審員的義務。

8. 公民原則

社會規定的公民義務。包括：投票、擔任陪審員、在國家危難時從軍，以及遵守法律。身為公民，我們有責任了解公共議題、監督政治領導人和政府機構的作為，以確保他們遵守憲法的價值觀和原則。

9. 道德原則

有些我們覺得十分重要的義務，來自於我們的道德原則。這些原則可能是以個人價值觀或宗教信條為依據。例如：「己所不欲，勿施於人」、不說謊、不欺騙、尊重他人等原則。

● 學以致用

1. 你在學習責任概念時，應該寫日誌，記錄自己在接下來 24 小時之中，所承擔的所有責任。接著，寫一篇短文說明這些責任及其來源，並將你所列出的責任加以分類，標明哪些責任是你自願承擔，哪些是他人要求你接受，而哪些又是你在不自覺或未深思熟慮的情況下所接受的。
2. 假設你發現朋友在商店裡偷東西，是否有責任加以揭發？你幫助朋友的責任為何？各項責任的來源為何？
3. 注意今天的報紙、廣播或電視新聞，舉出三個與責任有關的例子或事件，並說明每個例子裡責任的來源為何。

第二課 如何檢視責任的問題？

本課目標

你在本課將學習用來檢視責任問題的「思考工具」，亦可將所學運用於特定情況中。上完本課，你將能運用「思考工具」分析情況，並辨別責任。

關鍵詞彙

搜索票 warranty
傳喚 summons
憲法增修條文第 4 條 Fourth Amendment
不當搜索與扣押 unreasonable search and seizure
希波克拉底宣言（醫師誓詞）Hippocratic oath

如何檢視責任？

你每天都會遇到有關負起某些責任的問題。不論是家庭作業、課後打工或是家長規定的門禁，你都必須判斷是否要達成大家對你的期待。你需要一些工具幫助自己思考所有相關的事情，本課提供你這些工具。解決不同的問題，需要運用不同的工具。你並不會用修車工具來做蛋糕。同理，思考時所用的工具就是「思考工具」，能幫助你解決有關責任的問題。

●為什麼必須使用合適的「思考工具」來分析責任問題？

　　「思考工具」包括了概念、問題和對社會的觀察，可以幫助我們分析情況，做出決定。以下是責任的第一套「思考工具」。你在探討責任問題時，可以思考以下這一連串的問題：

■這項責任為何？
■誰要承擔這項責任？
■要對誰盡這項責任？
■這項責任的來源為何？
■盡此責任可能有哪些好處？例如：成就感、獲得尊重、肯定、讚美、報酬或獎賞。
■不盡責可能受到哪些懲罰？例如：羞恥感、罪惡感、責罵、罰鍰、監禁或勞役。
■這項責任是自願承擔、由他人加諸，還是在不自覺或未深思熟慮的情況下接受？

　　下一個段落是在市民大會的情境下，檢視責任的問題。你可以運用新學到的「思考工具」，回答「你的看法如何？」的問題。

公共集會的言論自由所伴隨而來的責任

　　美國的公共集會受到某些傳統所支配（govern）。這些傳統源自於習俗（customs），而這些習俗在新英格蘭殖民地區和其他社群，已慣行數百年之久。

　　當今，人們為了各種問題而召開會議。例如：學校問題、鄰里犯罪情況、交通安全、環保政策和國家與國際議題。透過問題討論，並採取行動。美國民主立憲的傳統，保障了每個人參與集會的權利、政治地位的平等、言論自由和聽取他人意見的權利。

●你參加鎮民大會時，身負何種責任？

　　言論自由是公共集會的基本原則。然而，如果與會者不願意節制其發言，無法在會議開始之際保持安靜，會議根本無法進行。必須有人主持會議，維持秩序。

與會者必須遵守某些規定，會議才能有條理地進行。例如：與會者通常都接受應先徵求主席同意，才可發言。而且，獲得主席同意的人，也有責任僅就會議討論的事項發言，不應發表最近看過的電影，或是自己的假期計畫等不相干的意見。此外，與會者也應該輪流發表意見，讓其他人有發言的機會。

公共集會的目的不僅在於發表意見，也在於以簡明扼要的方式發言，以促成某事、探討觀點或是做出決定。

若發言者離題、對他人無禮或辱罵，或妨礙會議進行，主席可宣布他擾亂會場秩序。這時，這位發言人必須停止發言或改正其行為，假使他拒絕遵從主席指示，那麼只好訴諸最後方法，將他驅離會場。

公共集會具有特定目的，在於讓所有人有權針對與自身相關的議題發表意見，也在於保障人民這項表達意見的權利。

你的看法如何？

1. 公共集會在傳統上涉及哪些責任？

2. 誰該承擔這些責任？

3. 他們應該向誰負責？

4. 這些責任的來源為何？

5. 盡到這些責任，可能有什麼獎勵？

6. 未盡到責任，可能受到什麼懲罰？

7. 這些責任是自願承擔、由他人加諸，還是在不自覺或未深思熟慮的情況下接受？

確認責任

　　在本練習中，請老師將全班學生分為五組。各組同學在閱讀指定文章後，填妥第 18 頁的「責任學習單」，並推選一位代表，向全班報告小組的答案。

第一組：根據美國憲法增修條文第 4 條規定，學校行政人員有何責任？

　　美國憲法增修條文第 4 條禁止不當搜索和扣押，以保護人民；但若要在學校環境中實施這項規定，則會面臨兩大問題。第一，依據憲法第 4 修正條款規定，校方為保護學生，是否須經學生同意，方得搜查學生的手提袋或背包？第二，為保護學生，校方基於職權，應如何防範非法毒品在校園販賣、持有及使用？

　　美國 1985 年一件最高法院判例（新澤西州 v. T.L.O），是有關一位 14 歲少女 T.L.O 和朋友被人發現在校內廁所抽菸。這兩名少女被帶到校長室去見副校長，朋友坦承抽菸，但 T.L.O 則不承認。副校長把 T.L.O 單獨帶到另一間辦公室，檢查她的手提袋，結果發現一包香菸和一疊疑似用來捲大麻的捲菸紙。於是，他更仔細搜查了 T.L.O 的手提袋，又找到了少量的大麻、一支菸斗、幾個空的塑膠袋、一大筆錢（大部分是一美元紙鈔）、她賣大麻給同學的紀錄，以及兩封信，由信中可知 T.L.O 是大麻販子。

　　T.L.O 坦承她販賣大麻，於是州政府將她起訴。她的律師表示，副校長的搜索已違反憲法增修條文第 4 條，侵害了 T.L.O 的權利。律師主張 T.L.O 手提袋裡面的物品，並非有效的證據。

第二組：根據選文的描述，總統的責任為何？

　　1945 年夏天，美國總統杜魯門（Truman）面臨一項重大的決定。那年 5

月，德國正式投降，歐洲長達六年的戰役終於結束。但在太平洋地區，第二次世界大戰未歇；某些美國軍事專家表示，這場仗可能還會再拖延一年以上，造成雙方人員傷亡慘重。他們預估若戰事持續，美國的傷亡人數可能會增加多達百萬。

● 1945 年 8 月 6 日，美軍轟炸廣島，造成大規模的破壞。總統以總司令身分做決定時，應考量哪些責任？

　　同年 7 月 15 日，美國科學家成功研發出原子彈，這項發明使杜魯門總統面臨抉擇：是否應該對日本使用這項可怕的武器，以迫使其投降？還是繼續以傳統方式應戰，承受美國軍事專家所預料的慘劇？

　　最後，杜魯門總統決定使用原子彈。同年 8 月 6 日，一架名為艾諾拉・蓋（Enola Gay）的 B-29 轟炸機在日本廣島市投下一枚原子彈，強大的爆炸威力大約等於四百萬磅的黃色炸藥，造成該市 34 萬 4 千名居民有半數以上死傷；8 月 9 日，美國在長崎投下第二枚原子彈，造成同樣規模的破壞；當年 8 月 15 日，日本投降。

　　杜魯門總統認為，他做了正確的決定，但民眾的反應卻是兩極化：有人稱讚他挽救了數十萬條人命，有人則譴責他造成嚴重的傷亡和慘劇。不過，大家都承認杜魯門總統確實承擔了極為重大的責任。

第三組：以下兩段引言，顯示出哪些責任？

　　我常想，我們是否並未對憲法、法律和法庭寄予厚望。這些都是不實的期望，真的，都是不實的希望！自由其實存在於每個人的心中。假使大家心裡已

無自由，所有的憲法、法律和法院都沒辦法挽救；甚至沒有憲法、法律和法院能稍微改變這種情況。只要人人心中有自由，就不需要憲法、法律和法庭來挽救自由……

勒恩德・漢德（Learned Hand）法官於 1944 年所言

在德國，納粹黨一開始是針對共產黨，因為我不是共產黨員，所以當時並未挺身而出。之後，他們開始拘捕猶太人，但因為我不是猶太人，所以並沒有表示意見。接著，他們又針對工會人士，不過，因為我不是工會成員，所以還是保持沉默。然後，他們開始拘捕天主教教徒，因為我是新教教徒，所以沒有出聲。但之後，他們開始針對我，而在那個時候，已經沒有人能出面幫我說話了。

牧師馬丁・尼莫拉（Martin Niemoeller）所言（約 1949）

● 英國倫敦。2018 年 3 月 17 日。數千人聚集在倫敦波特蘭廣場參加三月反對種族主義國家示威活動，抗議種族相關襲擊事件的急劇增加。在維護自由方面，個人有哪些責任？

第四組：根據以下誓言，醫生具有何種責任？

以下段落摘自希波克拉底宣言，是醫生進入醫業之前必須宣讀的誓言。

我在此向醫師之神阿波羅及眾神宣誓，將依據我的能力與判斷，奉行誓言

和規定。將依據我的能力與判斷，採用我為病人利益所設想的醫療方法，並避免所有不利與有害之事。即使他人要求，我亦不會給予他人有害藥物，或做出任何不當建議……無論是否與我的專業相關，我都可能看到或聽到他人生命中不可洩露的事情，但我會將這一切視為祕密，絕不會加以透露。我若奉行此誓言，便能愉快地生活和行醫，並獲得他人尊敬；若違反誓言，則會面臨相反的情形。

第五組：依據 1964 年的《民權法案》（Civil Rights Act of 1964），政府與平民百姓各具有何種責任？

　　1964 年《民權法案》明令禁止人民在各種公共場所因種族、膚色、宗教或國籍而歧視他人。此法案不僅適用於政府所管理的公共場所，例如：公園、游泳池與海水浴場等地，也適用於餐廳、旅館、商店、電影院和其他由個人或私人公司所經營的營業場所。違反該法案者需接受罰款和刑事制裁，遭受歧視者亦可對違法者提出民事訴訟。自美國實施《民權法案》後，公共場合中的種族歧視情形，大多已不復見。

● 學以致用

1. 從其他組所負責的文章裡選一篇來閱讀，然後根據文章內容，填妥「責任學習單」。如果你的答案和負責向全班報告該篇文章的小組不同，請說明原因。
2. 請列舉一位任課老師所應承擔的責任，並根據「責任學習單」中的問題，分析這些責任。
3. 美國憲法增修條文第 19 條規定：「美國或各州不得因性別關係，而否定或剝奪美國國民之投票權。國會有制定適當法律以執行本條之權。」依據美國憲法增修條文第 19 條，哪些人應該負責？應承擔哪些責任？應向誰負責？盡責或不盡責，可能得到哪些獎勵或懲罰？你認為這些責任是由個人自願承擔、由他人加諸，還是個人在不自覺或未深思熟慮的情況下承擔？請說明你的看法。

責任學習單	
問題	答案
1. 前文的指定文章裡，包含了那些責任？	
2. 誰應該承擔這些責任？	
3. 應該向誰負責？	
4. 責任的來源為何？	
5. 盡責可能獲得哪些獎賞？	
6. 不盡責可能會受到哪些懲罰？	

履行責任與益處的代價為何？

●圖片顯示哪些履行責任的益處與代價？

單元目標

　　你在第一單元學會了運用「思考工具」來考量責任問題。在本單元，你會更深入探討負責的結果，並學習辨明各種盡責的結果，了解區分結果的方法，以及分辨結果是益處或是代價。到底什麼是履行責任的益處與代價？益處就是指對他人或盡責之人有利的情形；而代價就是指損失或不利的情形。你也會從本單元中學到，抱持不同價值觀和利益考量的人，對於履行責任的益處與代價會有不同的衡量。

　　了解盡責的結果會有助於你決定是否要承擔某項責任；也讓你在各種不同的責任中，決定出輕重緩急。

第三課　承擔責任會有什麼結果？

本課目標

　　假使你承擔了某項責任，就必須做好準備，面對盡責後所得到的益處與付出的代價。本課會教你分辨這些益處與代價。完成本課，你應能說明某些常見的履行責任的益處與代價，並能辨別在特定情況中，盡責的益處與代價。

關鍵詞彙

益處 benefits
代價 costs
可預測性 predictability
安全感 security
效率 efficiency
憎惡 resentment

批判思考練習

辨別哪些結果是益處？哪些是代價？

　　承擔某項責任以後，會面臨什麼情形？你所做的選擇一定會帶來某些結果；有些可能是益處，而有些則可能是代價。因此，在決定是否承擔某項責任之前，先清楚分辨其中的益處與代價，是相當重要的。

請先閱讀以下故事，並填妥下列表格，然後再回答「你的看法如何？」的問題，並準備好向全班同學說明你的答案。

瑟琳娜是愛爾克伍德高中的三年級學生，同學和老師都很喜歡她，她的個性活潑、親切、幽默風趣，幾乎和每個人都處得很好。昨天，副校長問瑟琳娜願不願意在學校新制定的暴力防治計畫當中，擔任調解人（peer mediator）。這個工作是負責解決同學之間的爭端，調解人要先聽取每位學生的說法，再提出建議，幫助他們解決紛爭。調解人不能勉強學生接受某種解決辦法，但可以和他們討論所爭執的事情，幫助他們達成共識。擔任調解人並無薪水可領，不過學校會頒發感謝狀，此外，這項經歷也有助於申請大學。調解人必須先參加為期兩週的訓練課程，以培養聆聽、排解糾紛，以及讓同學接納建議的技巧。他們每天放學後必須至少挪出 1 小時，來為發生爭執的同學排解糾紛。

瑟琳娜在考慮副校長的提議時，決定先列出接下這份責任之後的種種結果，好讓自己決定到底該怎麼做。

結果	益處或代價

你的看法如何？

1. 瑟琳娜被提議什麼責任？

2. 負起這項責任，會有什麼益處和代價？

3. 如果你是瑟琳娜，你願意在放學後擔任調解人嗎？為什麼？

說明益處與代價

在思考履行責任的結果時，你應該和瑟琳娜一樣，能夠分辨相關的益處與代價，並加以衡量。請分組閱讀下列有關盡責的益處和代價，並在各項敘述中，根據自己的經驗舉出一個實例來說明益處或代價，並準備好向全班報告你所舉的實例。

益處

■ 可預測性：若人們能持續盡責，其他人就知道可對他們有何期待。

■ 安全感：知道其他人會盡到自己的責任，會讓人更有安全感。

■ 效率：如果參與某項工作的人都能盡責，就能更有效率完成工作。

■ 合作：人們一同工作時，盡責有助於提升合作意願。

■ 公平：若責任公平分攤，且每個人又能盡到自己所承擔的那份責任，就不會有人多做事或少做事。

■ 團隊精神：如果團體中所有成員都能盡到自己的責任，就會產生一種社群精神或團體榮譽感。

■ 個人回饋：其中可能包括獨立感、自尊心、成就感、他人的贊同、獲得愈來愈多的賞識、愈高的地位或報酬，以及取得知識、技能和經驗。

代價

- ■ 負擔：履行責任可能必須花費時間、心力或金錢。
- ■ 憎惡：人們可能會厭惡某些自己不得不接受的責任，而感到十分不情願。
- ■ 害怕失敗：當我們不敢確定自己是否能盡到某項責任時，可能會覺得焦慮不安。
- ■ 犧牲其他的利益：當我們承擔某項特定責任時，可能必須放棄某些價值觀、需求或利益。
- ■ 造成他人不肯負責：如果有人或有個群體看似承擔了某項工作的主要責任，其他人就很容易不做自己被分配到的責任。

批判思考練習

評估益處與代價

　　本單元的主旨，在於分析盡責的結果。請老師將全班分成幾個小組，各組同學從以下各種情境敘述中，挑選一段閱讀，並回答「你的看法如何？」的問題。每組同學可以像瑟琳娜一樣，列表探討相關的益處與代價。討論完畢後，請各組同學向全班報告自己的答案。

1. 馬丁・路德・金恩博士為了使全國民眾關注那些歧視黑人的法律，於是刻意違反那些法律，並因此入獄。

● 馬丁・路德・金恩博士是 1960 年代著名的民權運動領袖，在爭取民權的活動中肩負重責大任。
　盡到這些責任的益處與代價為何？

2. 瑪麗亞・羅德里奎茲上過汽車維修的課程，她自願在週末幫朋友托馬斯修車。

3. 伯莎聽說有個幫助失業者培養電腦技能的在職訓練計畫，於是她申請加入這項計畫，只要她完成訓練課程，就有一份工作。

4. 甘迺迪高中的「公共議題委員會」（The Public Issues Committee）決定針對防治高中生暴力行為的議題，舉辦一場研討會。該委員會並未限定出席會議的資格，因此代表各方意見的發言人都可以參加討論。他們所討論的議題，可能是施行藥物檢測、校方對學生物品的搜查權等。

5. 薩提柯伊社區教會的教友經過表決後，同意成立托兒所，照顧那些雙親都在工作的幼兒。

6. 黎巴嫩的內戰愈演愈烈，美國政府因而計畫撤僑。

7. 雖然環保人士提出警告，但石油公司也向環境保護局提出保證，油輪進出阿拉斯加港，絕不會對當地的漁業和野生動植物造成威脅。

你的看法如何？

1. 在你的小組所討論的情境中，誰該負責？

2. 情境中的哪個人或哪些團體，已經或是打算盡到哪些責任？

3. 在該情境中，履行責任會產生什麼結果？

4. 你認為這些結果之中，哪些屬於益處？

5. 你認為這些結果之中，哪些屬於代價？

➔ 學以致用

1. 假設你正在考慮一個課後打工的機會，請列表舉出相關的益處與代價，並說明如何決定是否接受這份工作。

2. 找一篇近期的新聞報導，內容必須有關於國家、州或地方政府所做的決定，及其牽涉的責任問題。請列出這項決定可能產生的結果，並將這些結果分類，標明為益處或代價。

第四課　如何評估承擔責任的益處與代價？

本課目標

在本課你可以了解，考量某項責任的益處與代價，會如何有助於我們做決定。請全班同學召開一場模擬公聽會，討論一個虛擬社區吉柏森市運用太陽能源的議題。這場公聽會的主要目的，是讓社區內各團體有機會針對市長所提出的太陽能計畫表示意見。

完成本課，你應能針對責任的問題，運用益處和代價的概念，評估、選擇且維護自己的立場。

關鍵詞彙

議程／議事程序 agenda
公聽會 public hearing
相對重要性 relative importance
依據職務（而來的）；當然 ex officio

批判思考練習

針對太陽能的議題，評估、選擇及維護你的立場

在準備本課活動時，請先閱讀太陽能計畫的描述以及公聽會的議程。議程之後，列有公聽會的操作說明。

太陽能計畫

美國國家能源部在一項實驗計畫中宣布,將提供補助金,幫助 10 個城市將公共建築的暖氣和空調系統改為部分太陽能發電。而這些城市購買與安裝太陽能發電裝置的費用,將由國家能源部支付一半。吉柏森市是位於美國中西部的中型都市,當市長得知這項補助計畫後,便要求市政府工程處研究太陽能發電,以及應否申請這項補助金。

市府工程處在研究後發現,執行這項計畫總共大約需要 1,200 萬美元。由於國家能源部僅能補助一半費用,因此市府必須透過其他管道籌措其餘的 600 萬美元,才能完成這項計畫。為了籌措所需資金,市府很可能必須提高稅金。不過,根據市府工程師預估,在 20 年內,太陽能發電系統的運作費用會降得更低,甚至能為納稅人省下一小筆支出。

市府工程處研究了吉柏森市太陽能發電系統的效能,該系統在日照充足或雲層稀薄的天候狀況裡效能最佳。但吉柏森市的冬天通常酷寒無比,天空也常濃雲密布。根據過去 74 年來的天氣形態判斷,若未來幾年天氣狀況不變,那麼長期而言,該市一年之中的日照天數,應能產生足夠的太陽能,使該市能夠節省開支。而在太陽能不足時,舊式的發電系統仍可供電給暖氣與空調系統。

● 如何評估將建築改為太陽能發電的益處與代價?

市長看過市府工程師的報告後，決定向市議會建議讓吉柏森市申請這項聯邦補助金計畫，使用太陽能發電。市長的建議引起正、反兩方的意見。有些團體贊成他的看法，但有些人則強烈反對。市議會決定在接受市長的建議案之前，先舉行一場公聽會，讓所有關切此議題的團體能夠表達意見。公聽會的舉辦日期已經確定，有數個團體希望能參加，並被列加入議程之中發言。

公聽會通知

九月二十四日（星期一）上午九時
吉柏森市市政廳

吉柏森市市議會將針對市長的提案舉行公聽會，討論是否申請聯邦補助金，並由市政府自籌同額資金，將部分公共建築物改為使用太陽能。

議事程序

1. 市議會議長開場致詞（2分鐘）
2. 市長簡介會議（1分鐘）
3. 市府工程處報告提案（5分鐘）
4. 利益團體回應
   A. 替代能源永續保護與使用聯盟（5分鐘）
   B. 納稅人聯盟（5分鐘）
   C. 商會（5分鐘）
5. 與會人士問答與意見交流時間
6. 市議會議長總結
7. 市議員不記名投票
8. 市議會議長宣布表決結果
9. 散會

公聽會的前置作業

請全班同學分成五組。其中一組擔任市議會，另一組擔任市府工程處人員，其他三組分別代表議程中的利益團體。在會議結束時，市議會要針對使用太陽能發電的提案投票表決，並宣布表決的結果。

除了擔任市議會的小組外，其他各組必須決定贊成或反對市長的計畫。請依據下面幾頁的指示和基本背景資料做準備。在各小組決定立場時，請思考以下問題：

1. 如果國家能源部提供補助金，吉柏森市的市政府要承擔什麼責任？
2. 市政府承擔這項責任後，可能會有什麼結果？
3. 你認為在這些結果之中，哪些是益處？
4. 哪些結果是代價？
5. 就你的小組認為，哪些益處或代價最重要？
6. 根據你們組員所評估的益處與代價之相對重要性，你的小組是贊成還是反對市長的提案計畫？

請各組推選 1 位主席負責帶領小組討論、1 位紀錄負責記下所要報告的觀點，以及至少 1 位代表負責上臺報告小組的看法。此外，各組同學在報告時，也可能需要用到海報或圖表。在小組準備期間，請同學踴躍發表意見。

第一組：市議會

第一組的主席負責在公聽會報告議事程序。此外，小組亦須推選 1 位同學擔任市長，而這位同學也是議會的當然成員（ex officio）；擔任市長的同學必須在公聽會中發表一篇簡短聲明，並介紹市府工程處的工程師。第一組同學負責進行公聽會，也必須決定是否同意市長的提案。

第一組的主要目標是蒐集充分的資訊，以做出明智的決定，並讓關切此議題的個人和利益團體有機會發表意見。第一組同學應就議題加以討論，並列出問題清單，請各組代表以簡報回應。

第二組：市府工程處

第二組同學負責提出計畫。小組必須推選 1 位同學擔任市府工程處工程師。全組同學必須研討與建議案相關的各項內容事實，藉此擬定簡報內容，並說明為何贊成市府將部分公共建築物，改為使用太陽能發電。小組在簡報時，必須提出對該計畫之益處與代價的分析。

第三組：替代能源永續保護與使用聯盟

　　第三組在公聽會中對提案的看法，大致上是認為益處多於代價，因此建議市議會應該通過市長的計畫。小組為了表達支持的立場，必須解釋太陽能的各項益處。

第四組：納稅人聯盟

　　第四組大致上認為這項提案的代價高過於益處，因此主張市議會不應通過市長的計畫。小組為了表達反對的立場，必須說明市府實行這項計畫的財務支出，及其對納稅人所造成的影響。

● 你如何運用益處和代價的分析，來贊成或反對某項責任？

第五組：商會

　　第五組支持市長的計畫案。全組都認這項計畫的益處多於代價。小組代表簡報時，應說明裝設太陽能發電設備所需的 1,200 萬美元支出，不但能創造新的就業機會，也會增加商品、服務和休閒娛樂方面的消費，對當地經濟大有助益。

進行公聽會

1. 市議會議長應宣布會議開始、說明會議目的、報告議事程序，然後介紹市長以開始進行會議。

2. 各組團體代表應按照議程，依序發表意見，首次發言時間應以 5 分鐘為限。

3. 在各組團體代表發言時，市議員可隨時打斷發言，提出問題。

4. 在各組團體都發表意見後，市議會這組應就議題加以討論，並投票表決是否通過市長的計畫案。

5. 市議會的成員必須宣布該組的決定，並說明理由。會後，同學仍可繼續討論。

學以致用

1. 請寫信給吉柏森市的報社編輯，說明自己贊成或反對市議會對於太陽能計畫的決議。

2. 請從最近的報章雜誌中，尋找一篇由州議會或國會所通過的法案之報導。分析其中益處與代價的考量，在決議過程中具有何種影響，並向全班口頭報告你的分析結果。

● 在你難以同時兼顧對自己、家庭和整個社會的責任時，必須分配時間以盡到這些責任，此時哪些考量是
重要的？

單元目標

　　思考一下，你所有的責任。然後想想，你可能有意願承擔的責任。接著，再增列其他許多你想要去做，或是對你很重要的事。然後，考量你有多少時間和精力。

　　你有可能盡到所有責任，同時又完成所有你想做的事情嗎？應該不行。你，就像其他人一樣，必須在應盡的責任，以及其他想做的事情當中，做出取捨。

　　有時，我們可以輕易地取捨這些難以兼顧的責任、利益和價值觀；但有時，要做這些決定可能極為複雜。本單元的重點在於，探討哪些考量有助於我們做出明智的抉擇，在那些無法同時兼顧的責任、利益和價值觀當中，加以取捨。

第五課　責任無法兼顧時，哪些考量有助於做決定？

本課目標

　　本課會擴充「思考工具」，讓你在無法兼顧的責任、價值觀和利益之間，經過有效的考量而做出決定。完成本課後，當你面臨無法兼顧的責任、利益和價值觀，而必須做決定時，應能運用這些「思考工具」來評估、選擇和維護自己的立場。

關鍵詞彙

緊急程度 urgency
資源 resources
價值 values
利益 interests
妥協 compromise

無法兼顧責任時，你如何取捨？

　　無法兼顧責任時，要做取捨常常很複雜。我們很難判斷哪一項責任最重要，要做出這類的判斷，通常需要決定優先順序並找到替代方案。這表示我們可能必須拒絕某些責任或將之延後，以便先完成其他責任。對無法兼顧的責任做抉擇時，可考慮下列要素：

■ 緊急的程度：判斷某項責任的緊急程度，能讓我們決定其優先順序，也就是認為某些責任比其他責任重要。如此，有助於我們決定應先完成哪一項責任。例如：明天必須交的作業，當然比一個星期後才須繳交的作業來得急迫。

■ 相對重要性：必須考慮每一項責任相對於其他責任的重要性。例如：在必要時，為了避免撞到行人，寧願撞上停在路邊的車子。

■ 所需的時間：我們也須考量盡某項責任所需耗費的時間，以及自己所能運用的時間。例如：在決定課後打工之前，應先考量自己是否能投入足夠的時間做好這份工作。

■ 可得的資源：設備、經驗或財務方面等資源的可得性，是影響個人決定的主要因素。若缺乏必需資源，就可能無法盡到責任。例如：要成為送貨員，需要有駕照和汽車。

■ 無法兼顧的利益和價值：在決定要盡哪些責任時，可能也需要考慮自己的興趣或其他重要的價值。例如：當你選擇課後打工，便無法在學校玩樂團，那麼你可能會決定放棄打工。

■ 替代的方案或妥協：面對無法兼顧的責任，有時未必一定要有所取捨。透過具建設性的解決方案或妥協，或許能解決眼前兩難的困境。例如：這項工作是否一定得由自己親自完成，或者可由他人處理？

● 你是否曾經覺得自己所承擔的責任，已超出能力範圍？這時，你如何解決？

評估並判斷應盡何種責任

閱讀下列文章，然後分成小組去完成課本第 39 頁「決定責任的思考工具」表，並準備好向全班報告答案。

毒品、危險與政治責任

南美洲某小國的人民，接獲一則由毒梟所發出的恐怖消息：毒梟要向政府和所有抨擊他們的人全面宣戰，敵我的界線已經劃分得很清楚。一邊是販毒集團，帶頭的毒梟不但個個富有、擁有武器裝備，更會毫不留情地除去所有阻礙他們的人；而另一邊則是政府官員、新聞工作者，以及所有甘冒生命危險保衛國家的百姓。這場對抗戰攸關國家的未來，是法律還是恐懼在統治國家？

大家都明瞭毒梟帶來了嚴重的威脅，行兇和暗殺已經成為一種生活方式。過去數個月來，他們已殺害了一位總統候選人、多位法官和司法官員，以及數位著名的新聞工作者。全國籠罩在一片恐懼的氣氛中，以首都的情形最為嚴重。毒梟所掀起的戰事，已波及那些受威脅者的家人，政府官員尤其擔憂自己子女的安危。有些人將家人送往國外，但即便如此，也不能完全確保他們的安全。即使到了國外，如歐洲和美國，仍有人遭到暗殺。對於那些被毒梟盯上的人而言，已無真正的安全可言。

年輕的司法部部長艾萊安娜・岡薩雷斯被販毒集團列為獵殺名單的頭號人物。32 歲的岡薩雷斯是知名的傑出律師，在無人敢接任司法部部長一職時，她勇敢挺身而出。過去三年內，在她之前的六任司法部部長中，有兩位遭到殺害、兩位出國。岡薩雷斯本人也一再受到威脅，而就在上週，她的哥哥更遭到綁架，受到極大的驚嚇。

出身政治世家的岡薩雷斯，以捍衛法律而聞名。現今司法體系遭受威脅，她表示：「我們就必須盡己所能來保護法律和政府，我的責任就是要為國家和人民服務。」

● 個人的安危或其他利益，可能會與政治責任產生何種程度的衝突？應如何解決？

　　然而，儘管她發表了這項公開聲明，但她仍極為掛慮自己的工作可能對家人造成影響。岡薩雷斯已結婚並育有三名子女，她深知只要自己擔任司法部部長一天，她的家人就始終無法脫離危險。而幾乎在她獲得新工作機會的同時，她收到了歹徒的警告，表示將從學校綁架她最小的女兒，這使得她內心的衝突升至最高點。

　　她先接到了來自紐約的電話，邀請她擔任聯合國特殊委員會的主席。該委員會成立的目的，在於檢視毒品交易在國際上所造成的影響。這顯然是個能讓她離開國家，並使自己和家人遠離死亡威脅的機會。

　　岡薩雷斯有兩週的時間可以考慮是否接受這份新工作。對她而言，這個機會確實十分誘人，既可以安全毋虞，又能繼續對抗毒品問題，這份工作也能讓她盡到保護家人的責任。但另一方面，她對於國家和國家的未來，也懷有同樣深切的責任感。如果她辭去部長之職，就等於承認被打敗，承認恐怖已戰勝了政府的統治。這對於那些不惜代價而投身於對抗毒梟的人而言，是士氣上的一大打擊。而如果她繼續留任，她和家人的生命便會遭到威脅，岡薩雷斯應該盡哪一項責任呢？

你的看法如何？

1. 根據你在表中所填的資料，你認為岡薩雷斯應該怎麼做？原因為何？

2. 你的判斷結果會顯示出，你認為某些價值或責任更為重要。試說明它們分別為何。

3. 依據相同的參考的資料，為什麼其他人卻有不同的結論？

學以致用

1. 請在日誌中描述自己無法兼顧責任，而必須有所選擇的情形。你當時如何解決？為何如此決定？

2. 請從新聞報導中，找出有關無法兼顧責任，而必須有所取捨的議題，並說明該議題、最後的決定，以及做此決定的理由。

3. 假使你被提名為學生會會長，擔任會長必須每星期參加課後活動。而擔任會長對於你申請大學極有幫助，但同時也有一個打工機會，對你的經濟有極大的幫助，時間上卻和學生會會長的職務衝突。你會選擇何者？原因為何？

決定責任的思考工具		
注意：有時第 7、9、10 和 11 題，可能不適用於你想解決的問題。若情形如此，請於該項目適當空格內寫下「不適用」或「無」。		
1. 責任為何？	責任　甲：	責任　乙：
2. 責任的來源？		
3. 盡責的獎勵？		
4. 不盡責的獎勵？		
5. 盡責的益處？		
6. 盡責的代價？		
7. 責任的緊急程度？		
8. 責任的相對重要性？		
9. 盡責所需的時間？		
10. 是否具備所需資源？		
11. 其他相關的價值或利益？		

第六課　在特定情況下，如何解決衝突的責任？

本課目標

你從第五課學到的「思考工具」，有助於你在面臨無法同時兼顧的責任時，能做出選擇。現在，請你運用這些「思考工具」，在相衝突的責任中，做出決定。上完本課，你應能運用「思考工具」去評估、選擇並維護自己的立場，解決無法兼顧或衝突的責任、價值觀和利益。

關鍵詞彙

兩難困境 dilemma

批判思考 練習

誰該負責？—評估、選擇以及維護你的立場

在開始進行活動前，請老師先將全班分組，每組約 3-5 人。各小組請先閱讀以下故事，再利用課本第 47 頁的表格來分析故事中所牽涉到的責任。每一組同學根據表中所列資料，判斷應履行何種責任。接著，請各組向全班報告其判斷的結果，並說明做此決定的理由。

賈維的兩難困境

摘自《悲慘世界》（Les Miserables）

作者維克多・雨果（Victor Hugo，1802～1885）

　　數年前，尚萬強因為不忍心他的姐姐挨餓，而偷了一條麵包，因此被捕入獄。出獄後，他改名換姓，成為社會中受人敬重的人。此時，有個人被誤認為是尚萬強而遭到逮捕，真正的尚萬強為了救他，不得不透露自己真實的身分。

　　由於當時法國的法律規定，有前科者不得更改姓名。因此，警察依法將尚萬強逮捕入獄。但他卻逃獄，並再次改名，又成為一位受人尊敬的人。

　　在尚萬強逃獄後，一位名叫賈維的警察一直鍥而不捨地追捕他，賈維嚴格地執行其身為警察的責任。但諷刺的是，他卻因緣際會地讓尚萬強救了他一命，欠了一份人情。

　　之後，賈維逮捕了尚萬強，他同意給尚萬強幾分鐘的時間，讓他處理自己的事情。賈維在這幾分鐘裡也思考了他一生中的所作所為：將一個無私而慈悲的慈善家送回監牢，而這個人還對自己有救命之恩。

　　賈維內心痛苦掙扎，在他眼前，有兩條同樣直接明確的路可走，但這兩種情形卻讓他深覺驚恐。在他一生中，從來就只有一條路、一種選擇而已。而現在這兩條筆直的路徑選擇，卻是相互衝突的。

　　他應該怎麼做？該將尚萬強關進監獄嗎？這麼做並不對，或是該放走尚萬強，讓他自由？但這麼做也不對。若他選了第一條路，那麼他這位執法人員的權威，就會比罪犯更為低下；若做了第二種選擇，便是讓罪犯凌駕於法律之上，並踐踏了法律。在此兩種情境下，不論賈維選擇哪一條路，他都必須根據自己的良心，提出理由來說服自己。

　　賈維對自己腦中所浮現的念頭感到心驚，他居然想要放走尚萬強，這違反了警界的基本規定，違背了整個社會和司法機構，也違犯了所有法律規範。如今他該如何決定？應該立即將尚萬強逮捕回去警局嗎？這顯然是他必須做的事，但是，他卻辦不到。

●在法律責任與自己良心所加諸的責任相衝突時,該如何取捨?

　　他不得不承認,在這世上確實存有良善。眼前的這個犯人,向來都是以慈悲待人。

　　賈維對自己提出了質疑,且找到了答案,而他的答案也讓自己驚恐。他問自己:「這個犯人,鋌而走險的人,過去一直被我追緝而陷於窘迫的處境。他大可以向我報仇,但他卻反而救了我一命。他為什麼要救我?是出於責任嗎?不對,理由應該不僅是如此而已。而我,輪到我饒他一次,又是基於什麼理由?是因為我的責任嗎?不對,不僅如此。這麼說來,除了責任之外,還有其他的考量存在。」

　　對他賈維而言,有一點是特別明確的,那就是他讓一個累犯逍遙法外。

　　這位正直的執法人員剎時發覺,自己陷於兩種罪行之間,一是讓這個人逃跑,一是逮捕這個人!

學以致用

1. 請以新聞剪報、雜誌文章、廣告和其他能顯示生活中相衝突之責任來源的圖片，設計出一份剪貼作品。

2. 假使某士兵認為，某項命令有違道德原則，他是否有責任服從該命令？原因為何？請於學習日誌中寫一篇短文，以維護你所選擇的立場。

第七課　法院應維護哪一方的責任？

本課目標

　　你在本課將參與模擬法庭。根據美國最高法院的一件真實案例：「威斯康辛州訴尤德案」（Winscin v. Yoder, 1972）來做決定。該案是關於家長和州政府之間的責任衝突，亦即，家長依據宗教信仰對子女的教育責任，以及州政府要確保所有學齡兒童都接受充分教育的責任。

　　當你學完本課，應能運用「思考工具」去評估、選擇並維護自己的立場，解決無法兼顧或相衝突的責任、價值觀和利益。

關鍵詞彙

阿米希人（或安曼教派）Amish
宗教自由 freedom of religion

檢視責任與宗教自由

　　有時候個人遵守法律規定的責任，卻可能與其宗教信仰發生衝突。基於美國憲法保障宗教自由，因此威斯康辛州訴尤德（Wisconsin v. Yoder）一案的責任衝突，可能須交由美國最高法院決定。本案中，州法律規定 16 歲以下的兒童，要接受學校教育。最高法院必須決定這條州法律是否適用於阿米希教派的家庭。這些阿米希派的家庭主張，法律已經干擾和威脅他們的宗教實踐。請閱讀以下的案例敘述，然後思考其中牽涉的責任衝突。接著，分成小組討論，完成第 49 頁的表格。

威斯康辛州訴尤德案（Wisconsin v. Yoder, 1972）

在本案發生之時，威斯康辛州規定，家長必須將其 16 歲以下的子女，送至公、私立學校接受教育。這項規定的目的，在於使所有兒童都有接受教育的機會。若有任何家長違反這條法律，州政府可對家長處以罰鍰或監禁。

尤德是威斯康辛州阿米希舊秩序教派（the Old Order 阿米希）社區的居民。該社區的居民都相信，他們必須依據教派的原則來養育子女。阿米希教派的青少年在讀完八年級（通常是 14 歲）後，被期待能離開學校，且藉由與他們的父母一起工作，來繼續完成他們的教育。這能讓其青少年獲得成為農夫或家庭主婦等成人角色所需的特殊技能。他們也能習得阿米希人喜愛勞動和自食其力的態度。同時，青少年也有機會加深他們的宗教信念，以做好準備，接受阿米希教派社區的成年人宗教義務。如此一來，阿米希教派的生活方式得以維持，並獲得加強。

● 16 歲以下的阿米希教派兒童必須接受學校教育，這項要求有違他們的宗教信仰。法院應如何平衡社會的利益和該群體希望維持一個不同的生活方式的利益？

　　阿米希教派的信徒相信，他們的子女並不能藉由到學校接受教育，而預備好阿米希成年人的生活。他們也感覺到，學生在中學裡學習科學、機械和現代的生活方式會脫離傳統的宗教信仰和職業。

　　威斯康辛州政府相信，16 歲以前的中學教育對所有兒童而言都極為重要，且阿米希人不應該和其他的威斯康辛州居民有所不同。此外，威斯康辛州亦主張，倘若有些阿米希教派的兒童決定離開其宗教社區，可能會對美國的社會生活適應不良。

　　尤德先生拒絕讓他的 15 歲兒子到中學上課。在 1968 年，尤德和其他幾位阿米希家長，因為拒絕讓孩子到學校接受教育，遭逮捕與審判，而被判定違反州法。他們請求威斯康辛州最高法院撤銷他們的判決，本案最後上訴到美國最高法院審理。

進行模擬法庭

審理威斯康辛州訴尤德案（Wisconsin v. Yoder, 1972）

　　模擬法庭的審訊，和上訴法庭或最高法院的審訊過程相同。在本次審訊過程中，由一組法官裁決是否維持原判，雙方毋須傳喚證人或針對基本案情辯論。亦即，毋須爭論實情為何。模擬法庭的審訊形式，已經過修改，在過程中，你所提出的論點，並不一定得依據現行法律或過去類似情形的判例，而可根據憲法原則或你所採用的任何合理看法。

　　請老師將全班分為三組。第一組扮演法官，負責審理本案；第二組代表尤德的立場，而第三組同學則代表威斯康辛州政府的立場。各組同學在準備時，應開會討論並推選 1 位以上的小組發言人和 1 名紀錄員。接著，全班應依循以下規則開庭審理：

1. 法官小組的主席應開始和確保審理程序，依序進行。在各方發表主張時，法官們可隨時中斷發言，並向其提問。
2. 威斯康辛州的代表發言人應陳述其論點，並回答法官可能提出的問題。
3. 尤德的代表發言人應陳述其論點，並回答法官可能提出的問題。
4. 法官小組應就案情加以討論，做出決定，並向班上報告結果以及說明理由。
5. 最後，全班應討論審理的內容、程序，以及這項案例所牽涉的責任問題。

	尤德		威斯康辛州	
1. 這件案子中牽涉了哪些責任？	根據阿米希宗教信仰教育他的子女	遵守威斯康辛州的法律	執行州政府提供給所有兒童教育的法律	允許居民擁有宗教信仰自由
2. 這些責任的來源為何？				
3. 盡到這些責任可能有哪些獎勵？				
4. 未盡到這些責任時可能有哪些懲罰？				
5. 盡到這些責任時的利益為何？				
6. 盡到這些責任須付出什麼代價？				
7. 這些責任有多重要？				
8. 這項決定的緊急程度？				
9. 所需的時間多長？				
10. 所需的資源為何？				
11. 所涉及的其他價值和利益是什麼？				
12. 還有哪些可能的替代解決方法？				

學以致用

1. 請寫一篇社論反駁模擬法庭法官的判決。

2. 假設你發現你的好友在學校販毒，即使你非常反對吸毒，但仍覺得基於朋友道義，你不應該檢舉他。但另一方面，你也覺得對自己對學校和社區負有責任。你應該檢舉好友嗎？原因為何？請依照課本第 41 頁的格式列一張表，幫助你判斷這些互相衝突的責任。

3. 你認為報社記者應參加政治示威運動？記者的言論自由較為重要，還是媒體在新聞報導中，盡量保持客觀的責任較為重要？請寫一篇短文，說明其中所牽涉的議題，並運用你學到的「思考工具」，說明你認為哪一項責任較為重要。

第四單元：誰該負責？

● 意外或傷害發生時，如何決定應該由誰負起責任？如何決定一項成就應該歸功於誰？如何決定誰應該為戰爭的罪行負責？

單元目標

　　本書前三個單元所處理的概念是責任的意義 —— 與人的本分（duty）或義務（obligiation）相關的責任。

　　本單元則是介紹責任的另一個面向。你將學習如何判斷，誰該為一件已經發生的事情負起責任。學會判斷誰應負責後，便能夠有以下作為：

■ 獎勵有真正貢獻的個人
■ 發生錯誤或傷害時，判斷有無必要提出補救辦法
■ 利用所得資訊，做為未來的行動方針

　　在許多情況中，我們可容易地判斷誰該負責；然而有時則否。在本單元中，我們將判斷在數個複雜的情況中，誰應該負起責任，同時也會學到另一套有助於做判斷的「思考工具」。

第八課　如何判定責任？

本課目標

　　個人應於何時為某項成就或罪行負起責任？本課將探討一套新的「思考工具」，以幫助你做此判斷。本課結束時，你應能運用這些「思考工具」，做出有關責任的決定。

關鍵詞彙

心理狀態 state of mind
故意 intent
輕率 recklessness
疏忽 carelessness
能認知可能發生的結果 knowledge of probable consequences
控制或選擇 control or choice

評估資訊以判定責任

　　我們常常不假思索地指責別人：看你幹的好事，都是你害的；或讚美他人：哇，你辦到了，多虧了你。但這到底是什麼意思？我們如何判斷誰該負責？

　　請閱讀以下兩篇故事。其中一篇探討傷害事件的責任歸屬，而另一篇則探討研究成果應歸功於誰。我們必須判定在這兩篇故事中，誰應該負起責任。

誰應該為意外車禍負責？

　　大清早，夏綠蒂開著跑車，在住宅區裡的一條小路上奔馳。就在這時候，喬治正好將旅行車倒車，從車道開到跑車經過的路上。當時，有輛搬家貨車擋住喬治的視線，使他沒看到來車。夏綠蒂則因為一隻貓跑過眼前而分心，沒注意到旅行車，等她發現時，為時已晚，兩輛車就相撞了。

●兩車相撞，誰該為這件意外負責？

你的看法如何？

1. 是否有人應該為這起車禍負責？若有，是誰？

2. 全班是否一致同意問題的答案？

3. 我們應該如何決定這類的責任歸屬？

發現新藥應歸功於誰？

　　數十年來，全球科學家一直致力於研發治療癌症的藥品，而他們的研究也漸漸有了進展。這大多歸功於科學家之間的意見交流，他們透過信件、專業期刊文章，以及研討會的報告，來發表自己的研究進展（不論研究成功或失敗）。醫學界一步一步地發展出治療癌症的方法，每一次的進步，都是結合個人的經驗，以及他人研究的成果。而當科學家終於發現治癌新藥時，那些有功於此的人，必定會備受讚揚，獲得世人讚譽和獎金。

● 重要的醫學發現，應歸功於科學小組中的哪一位成員？

你的看法如何？

1. 假設有許多科學家共同努力研究數十年，最後終於研發出治癌新藥。我們如何決定這項成果應歸功於誰？

2. 假如你是諾貝爾獎評審委員會的委員，欲頒獎給發現治癌新藥的科學家，你如何做出公平的決定？

可以用來決定責任的思考工具

學校、社區和政府機關，每天都會面臨責任歸屬的問題，必須決定誰應為某事負起責任。有時，要做這種判斷極為簡單，但在某些情況中，要做出合理而公平的決定則困難得多。

以下所列舉的「思考工具」，能讓你用有系統且周詳的方式，判斷事情的責任歸屬。前三項工具，有助於你合理地判斷在何時應有人出面承擔事情的責任。在你思考某項錯誤的責任歸屬問題時，應該運用下列七項工具來加以判斷。

1. 需要有人負責的事件或情形為何？

決定責任的第一步，便是釐清所發生的事件或情形。

例如：以下情形可能會讓你想確定責任的歸屬：

■ 車禍
■ 發現治療某疾病的新藥
■ 贏得州冠軍的足球隊
■ 校園內破壞公物的行為

2. 誰可能必須為已發生的某事負責？

一旦釐清了事件或情形，便可列出可能要為此事負責的人選。

例如：在本課一開始所提及的故事中，應為車禍負責的人為：

■ 夏綠蒂
■ 喬治
■ 將搬家貨車停在路邊的人
■ 貓的飼主

3. 為何這些人必須負責？

在你列出應負責的人選後，應評估每個人的行為，為何會促成或導致此事。亦即，此人的行為是否為事件發生的主因，還是即使此人有不同的行為，該事件仍會發生？

例如：你可能認為本課前面所描述的車禍，是由以下因素所促成：

■ 夏綠蒂，因為她開車不看路
■ 喬治，因為他從車道倒車出去時，沒先確定左右是否有來車
■ 把搬家貨車停在路邊的人，因為這輛貨車擋住了喬治的視線，讓他看不到路上來車
■ 讓貓在街上跑的人，因為這隻貓害夏綠蒂分心

4. 此人的行為，是否違反或未盡到其本分或義務？

　　一旦決定某個人的行為，是否為促成或導致事件發生的原因後，便應評估此人在當時是否有本分或義務，去採取不同的作為。亦即，此人是否未盡到其本分或義務，因此必須為該錯誤負責？還是，此人的行為符合其權利？

　　例如：在本課前面所描述的車禍中，

- 夏綠蒂可能違反了小心安全駕駛的義務
- 喬治違反了進入街道前，應禮讓右側來車的義務
- 將搬家貨車停在路邊的人並未違反任何義務或責任，除非他是違規停車或隨意將車停在危險的地點
- 讓貓在街上跑的人並未違反任何義務或責任，因為法律並未規定飼主必須將家貓關在屋內或栓住

5. 個人在造成該事件的心理狀態為何？

　　在回答此問題時，請考量以下各點：

- **故意**

　　此人或這些人是否存心或故意造成該事件？亦即，他們是否有意做出當時的舉動？**例如**：駕駛人蓄意將另一部車撞出路旁。

- **輕率**

　　此人是否因輕率而造成事件發生？輕率意指刻意忽視可能會造成重大傷害的明顯危機。**例如**：在繁忙的市區道路，將車輛加速到時速 60 英哩。

- **疏忽**

　　此人是否因粗心而造成事件發生？疏忽意指未注意到原本可預見的傷害或損害的風險；也就是，不夠小心，因而無法避免對自己或他人造成傷害。**例如**：讓幼兒單獨在游泳池或湖邊而未加以注意。

- **能認知可能發生的結果**

　　此人或這些人是否了解（或應該了解）自己的行為所可能造成的後果？能認知可能發生的結果，意指某人明白自己的行為會造成哪些事情發生。

　　在判斷責任歸屬時，為何必須探討心理狀態？個人的心理狀態，可能會影響我們對其行為的評估。

　　例如：弗雷德造成了一場車禍。如果他當時是因以下因素而撞上另一輛車，是否會有所不同？

- **有意（故意的行為）**

- 酒醉（輕率的行為），或
- 未留意停車標誌（疏忽的行為）

　　例如：卡崔娜用打火機點火燒窗簾，整棟房子因此而燒毀。以下的情形，是否有所不同？

- 卡崔娜只有 2 歲（不能認知自己行為所可能造成的後果）
- 卡崔娜 10 歲，她以為自己可以把火撲滅（能認知可能發生的結果，但仍做出輕率的舉動），或
- 卡崔娜已經 30 歲，她想利用火災領取保險金（能認知可能發生的結果，並蓄意做出這種舉動）

6. **此人或這些人是否能控制自己的行為？他們是否能選擇做出不同於當時的舉動？**
　　若此人沒有控制或選擇權，通常毋須對自己的行為負責。

　　例如：胡安妮塔走進銀行要把薪水存入帳戶。此時，有一群蒙面強盜衝進銀行搶劫，歹徒用槍指著胡安妮塔的背，強迫她開車幫助他們逃走。

　　例如：喬治在學校下樓的時候撞到了阿維，而阿維在摔倒的時候，又撞到了蘇珊，結果蘇珊跌倒，扭傷了腳踝。

7. **此人或這些人是否因為更重要的價值觀、利益或責任，而有當時的行為？**
　　有時重要的價值觀、利益和責任，可以合法化或豁免某人的某種行為，因而毋須為該行為負責。

　　例如：璜破門而入，衝進鄰居家裡，將三個小孩救離火場。

　　例如：劇院失火的時候，有一位男士過於激動，開始大聲叫喊，一名接待員因而將他打昏，然後冷靜地指揮觀眾從逃生門離開。

運用「思考工具」決定責任

　　剛學會的「思考工具」，運用起來並不如想像中的容易。你會如何運用「思考工具」，針對以下的假設情境，決定責任歸屬？

　　彼德、瑪利歐和馬蒂三個高三學生的外表，看起來比實際年齡大。他們組了一個樂團，名為「馬利之魂」（Marley's Ghost）。他們演奏得不錯，因此獲得了在當地夜店表演的機會。雖然該州規定年滿 18 歲才能喝酒，但這些年方17 歲的學生，卻能輕而易舉的用假身分證買到酒類飲料。

　　某個週五晚上，彼德、瑪利歐和馬蒂在王牌俱樂部有場表演。當天，他們演奏得特別精彩，表演結束後，他們在吧檯喝啤酒喝了一、兩個小時。凌晨兩點半，他們步履蹣跚的走到廂型車旁。馬蒂說：「我喝多了，不應該開車」。但是彼德卻回說：「少來，你根本沒事。而且，瑪利歐和我也喝得跟你一樣多，放心上路啦，一下子就到家了」。

　　於是這三個年輕人上了車，馬蒂駕駛，彼德坐在旁邊，而瑪利歐則是醉倒在後座。回家的車程很短，可是這三個人卻沒走完。馬蒂為閃避來車，整輛車失去控制，撞上路旁一棵大橡樹。所幸，馬蒂有繫安全帶，只有腦震盪和一些破皮淤血。但瑪利歐就沒那麼幸運，他整個人撞上了前座椅背，造成肩膀脫臼以及背部重傷。經過治療後，他應該大致能恢復從前的行動能力，但是他終其一生都會有背痛的毛病。而彼德從此以後再也不會有任何病痛了，他在車禍當時摔出擋風玻璃又撞到大樹，重傷的他在被救護車送到醫院之前，便已傷重不治。

學以致用

1. 請和老師一同邀請一位律師或法官來參觀上課情形，並和他／她討論在決定責任歸屬時，會將哪些事情列入考量。

2. 和老師一起安排一趟校外觀摩，到法庭觀察審理過程。這場審判的目的是否在於確定某事件或情形的責任歸屬？該事件或情形為何？在這場審判中，哪些「思考工具」顯得極為重要？請向全班報告你的觀察結果。

3. 假設你是學校學生「社區領導獎」評選委員會的委員，你會用什麼標準，來評判哪個學生對學校精神的貢獻最大？請於學習日誌中寫一篇短文，說明你評選的方式。

第九課　誰該為油輪事件負責？

本課目標

在第八課，你學會了運用某些「思考工具」幫助自己判斷責任的歸屬。而在本課，你則是要運用這些工具，判斷某個特定情況中的責任。學完本課，你應能說明自己如何運用「思考工具」，判斷誰該負責。

判斷責任的歸屬

在活動開始前，請老師將全班同學分組，每組 3-5 人。各組同學應閱讀以下故事「愛克遜・瓦爾德茲號油輪意外事件」（The Wreck of Exxon Valdez），然後填妥附於課文後的表格。

各組同學應發展出小組的立場，主張誰該為油輪擱淺所造成的損害負責。然後，請各組向全班報告其討論結果。在各組報告結束後，全班同學應分析、並評估每一組所提出的觀點。

愛克遜・瓦爾德茲號油輪意外事件

1989 年 3 月 24 日，愛克遜・瓦爾德茲號油輪發生擱淺意外，整個事件的經過有詳細的紀錄。這艘油輪在午夜過後不久，便在距離阿拉斯加油管瓦爾德茲接口約 25 英哩處，撞上礁岩而擱淺，而該礁岩在地圖上已有清楚標示，並有明確記錄。擱淺後，油輪的油槽外漏出 1,100 萬加侖來自北坡（North Slope）的原油。阿拉斯加州政府與聯邦政府都一致認為，業者的水面油污清除

行動，不但緩慢也不足夠。業者自 1989 年開始清理將近 1,300 英哩長的阿拉斯加海岸，部分或全部的清理作業，一直持續到 1992 年 6 月。

愛克遜・瓦爾德茲號油輪於 3 月 23 日駛離港口，船上船員共 20 名，是其他油輪船員人數的三分之二。埃克森（Exxon）宣稱其採用新科技，所需船員減少，但仍可安全操作船隻航行；海岸巡防隊因而接受埃克森的決定，同意其縮減船員人數。然而，如此一來，船員的工作時數便會拉長，睡眠時間也縮短，平均每個月工作超時 140 小時，常過度疲勞。

海港領航員先引導愛克遜・瓦爾德茲號離港，兩小時後將掌舵權交予船長黑茲爾伍德，並於晚間 11 點 24 分離艦。11 點 25 分，船長以無線電連繫海巡隊，獲准南駛至國內大洋航線。大約 15 分鐘後，船長將掌舵權交給船上三副古格里・考辛斯，並指示他如何避開威廉王子海峽中的浮冰，之後便回到自己的船艙。儘管海巡隊明令禁止，但黑茲爾伍德仍於出發前 4 小時在城裡喝酒，並在油輪擱淺 10 小時後，接受酒測時，被證實已經喝醉。而三副考辛斯並無執照，依規定不得駕船經過威廉王子海峽，但船長卻要他負責駕駛油輪。

●擱淺的愛克遜・瓦爾德茲號與一艘大型卸貨駁船。1989 年阿拉斯加原油外洩事件應由誰負責？

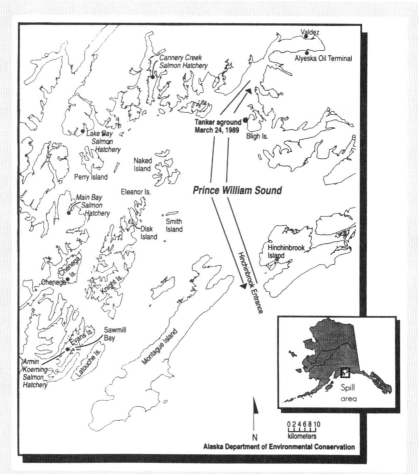

●誰應該負責安全引導油輪通過阿拉斯加沿海外的危險海域？是船長、海巡隊、三副還是船主？

　　海峽航道極為狹窄，因此船艦在通過該區時，十分依賴海巡隊的指示。然而，愛克遜·瓦爾德茲號在通過海峽時，卻與海巡隊失去聯繫。海巡隊表示，天候狀況惡劣、儀器不良加上人員換班，致使守備人員無法在雷達上追蹤該油輪。

　　午夜過後不久，愛克遜·瓦爾德茲號擱淺了。三副考辛斯依循船長黑茲爾

伍德的指示，將船駛離既定的大洋航線以避開浮冰。但他卻太慢將船轉回海峽航道，導致船身猛烈撞上布萊礁（Bligh Reef），原油開始迅速漏出，流入威廉王子海峽。

愛克遜・瓦爾德茲號意外事件，造成極嚴重的損害：該區的魚類和野生生物蒙受極大傷害。海灘與沿岸都覆上一層黑色原油，需要極長的時間才能恢復。儘管在該區作業的石油公司過去曾提出保證，表示他們能控制所有的原油外洩事件，但經過數個月甚至數年之後，在阿拉斯加沿岸仍可見到原油外洩所造成的影響。

● 原油外洩時以及外洩後，應由誰負責清理油污並照顧野生生物與環境？

學以致用

1. 請寫信給報社編輯，以支持故事裡四個人（或四個團體）其中一方所採取的行動。
2. 請至圖書館搜尋有關愛克遜・瓦爾德茲號事件的細節，以及所造成之損害的詳細資料。

決定責任歸屬的思考工具	
1. 探討的事件或情況為何？	
2. 哪些人可能必須負起責任？	
3. 這些人各有何舉動，可能造成該事件或情形？	
4. 這些人的行為，可能違反了或未盡到何項責任或義務？	
5. 這些人各自的心理狀態為何？請考慮他們的 A. 故意 B. 輕率 C. 疏忽 D. 對可能發生之結果的認知程度	
6. 這些人是否無控制權？他們在當時能否採取不同行動？請說明你的答案。	
7. 有哪些重要的價值觀、利益或責任，能讓這些人毋須為自己的行為負責？	

MEMO

第十課　達成和平協議應歸功於誰？

本課目標

　　我們決定責任歸屬的目的，通常是為了懲罰或防止他人犯錯。但有時，我們確定責任的目的，是為了肯定或獎勵某個有功勞的人。在本課，你將評估並決定某項成就，應該歸功於誰。

　　上完本課後，你應能說明自己如何運用「思考工具」，來決定誰促成和平協議而應獲得獎勵。

評估、選擇並維護自己的立場

　　請全班同學為一個虛擬組織「世界和平獎委員會」，召開一場會議。該委員會每年都會頒發著名的獎項和高額獎金，以獎勵年度對全球和平貢獻最大的個人或團體。

　　在活動開始前，請全班先分成數個小組，每組 3-5 人。每組同學應閱讀以下短文「和平協議」，再討論文後的「決定責任時，應考量的資訊」單元。接下來，請各組同學回答「你的看法如何？」的問題。請依照「公聽會的前置作業與進行步驟」中所列的指示，進行活動。

和平協議

　　普托矛斯谷是史康星上幾個極為富庶的地帶之一。早在有歷史記載以前，這個地區豐富的資源，便已吸引人類來此定居。從古至今，小至部落大至現代國家，有各式各樣的群體為了爭奪這片土地的所有權，而發生爭端。

　　過去三十年間，這個地區主要由沙尼亞和甘吉斯這兩個工業化國家所統治。雖然，兩國之間戰事不斷，卻始終無人獲得全面勝利。兩國的資源大多都投入了戰爭中。

　　在這兩個國家裡，大家對於如何促進和平的方法，都有不同的意見。兩個國家中都有人主張，若對方不徹底投降，就永無寧日。但也有人認為，接連的戰爭無可避免，因此只能加以忍受。有些人實在受不了生命與財產不斷受到損害，因而不計一切代價，只希望能求得和平。有些人認為，和談是獲得和平的主要方法，希望能透過協商，使兩國需求都能獲得滿足，以達到和平。

　　沙尼亞國的情形。在最近一次的選舉中，溫和派候選人阿提密斯當選，他主張兩國應簽定和平協議。在選舉期間，阿提密斯的主張受到某些當權人士的極力反對，其中包括了大報社與電視臺的經營者。

　　沙尼亞國立法院中的代表，主要來自於五個黨派，各黨的代表人數相當。因此，若要三分二以上的代表通過某項條約，各黨顯然必須相互合作。

　　甘吉斯國的情形。三年前，溫和派的候選人波特以些微的票數差距，擊敗了主戰派的對手，贏得甘吉斯國的大選。波特和阿提密斯一樣，都主張兩國應協商和平協議。甘吉斯國的立法院結構和沙尼亞國類似，是由數個黨派的代表所組成，各黨的代表人數相當。與沙尼亞國不同的是，甘吉斯國的新聞媒體界亦贊成兩國展開協商，平息紛爭。然而，代表該國多數人的主戰宗教教派，卻反對兩國和談。

　　自阿提密斯當選後，兩國政府代表便時常會面，他們草擬了一份和平協議書，希望雙方的立法人員與人民，大多都能表示贊同。

　　協商過程並不輕鬆，兩國的激進分子一直試圖破壞雙方政府爭取和平的努力。不過，贊成和談的人士也努力支持即將簽定的和平協議。

　　阿提密斯和波特的幕僚將草擬的條約內容，傳給國內立法院中的主要人員過目。阿提密斯的幕僚努力說服國內新聞媒體界的反對人士，希望他們能緩和其強烈反對該協議的態度。波特的幕僚也正在做類似的努力，以期能軟化甘吉斯國內主戰派的反對態度。

● 兩個交戰國達成和平協議，這項功勞應歸於何人，你如何決定？

　　最後，兩國協商代表在盛大儀式中展開高峰會議。這場會議頓時成為全球新聞媒體的焦點，會中阿提密斯與波特會晤，另有兩國協商代表與政府要員隨行與會。

　　雖然，兩國協商代表團都明白，必須先得到兩國立法人員的批准，這項和平協議方能生效，但他們堅信，多數的基本工作都已準備妥當。兩國內部經過一番努力與協商後，終於在兩個月後通過了該和平協議。經過多年的努力，犧牲了數萬人的生命，沙尼亞與甘吉斯兩國終於達成和平協議，解決了造成兩國不和的主要問題。

決定責任時，應考量的資訊

　　以下所列的是：參與沙尼亞與甘吉斯兩國和談過程的主要人物與團體。請在檢視名單後，加上你認為重要的其他人物或團體。接著，請回答「你的看法如何？」的問題。

沙尼亞國

阿提密斯
政府
協商代表與助理
阿提密斯的幕僚
少數黨派領導人，其說服黨員支持和平協議
報社所有人
電視臺所有人
反對和平協議之利益團體
贊成和平協議之利益團體

甘吉斯國

波特
政府
協商代表與助理
波特的幕僚
少數黨派領導人，其說服黨員支持和平協議
報社所有人
電視臺所有人
反對和平協議之利益團體
贊成和平協議之利益團體

你的看法如何？

1. 達成和平協議應歸功於誰？原因為何？
2. 世界和平獎應頒給誰？原因為何？

公聽會的前置作業與進行步驟

　　各小組應推選發言人與記錄員各 1 名，接著決定應將達成和平協議的主要功勞歸屬於誰，然後準備上臺報告，說明該小組認為應獲獎的原因。

　　代表世界和平委員會的小組，應推選主席與記錄員各 1 名，然後必須準備問題和考量事項，以詢問每一位候選人。

　　每組各有 2-3 分鐘的時間，推薦其提名之世界和平獎候選人。而後，請全班同學分析與討論每一組的提名人選，並投票表決應由哪一位候選人得獎。

● 公民對於監督和影響公共政策，應負什麼責任？

學以致用

1. 假設你是報社記者，負責報導沙尼亞國與甘吉斯國和平協議的宣布典禮。請依據你對兩國與會協商人員的採訪資料，寫一篇文章。
2. 請寫一則短文，反對世界和平獎委員會的決定，並提出你認為真正促成和平協議的主要功臣，說明你做此決定的理由。

國家圖書館出版品預行編目資料

超級公民 —— 責任 / Center for Civic Education 原著；郭菀玲譯 .
　 -- 初版 . -- 臺北市：民間公民與法治教育基金會，
　 2019.07
　 　 面； 公分
　 　 譯自：Foundation of Democracy: Authority, Privacy,
　 　 　 　 Responsibility, Justice
　 ISBN 978-986-97461-3-7（平裝）
　 1. 公民教育 2. 民主教育 3. 責任

　 528.3 　 　 　 　 　 　 　 　 　 　 108001004

超級公民 —— 責任

原 著 書 名：Foundation of Democracy: Authority, Privacy, Responsibility, Justice
著 作 人：Center for Civic Education
譯 者：郭菀玲
策 劃：黃旭田、張澤平、林佳範
系列總編輯：李岳霖
董 事 長：邱秋林
出 版 者：財團法人民間公民與法治教育基金會
編 輯 委 員：林孟皇、李岳霖、劉金玫、許民憲
責 任 編 輯：薛維萩、許庭瑛、五南編輯
地 址：104 台北市松江路 100 巷 4 號 5 樓
電 話：(02) 2521-4258
傳 真：(02) 2521-4245
網 址：http://www.lre.org.tw/
合 作 出 版：五南圖書出版股份有限公司
發 行 人：楊榮川
地 址：106 台北市大安區和平東路二段 339 號 4 樓
電 話：(02) 2705-5066
傳 真：(02) 2706-6100
劃 撥：010689563
網 址：http://www.wunan.com.tw
電 子 郵 件：wunan@wunan.com.tw
法 律 顧 問：林勝安律師事務所　林勝安律師
版 刷：2019 年 7 月一版一刷
定 價：200 元